JEAN NOCRET

PEINTRE LORRAIN

NÉ A NANCY EN 1617 — MORT A PARIS EN 1672

PAR

M. E. MEAUME

NANCY

LIBRAIRIE GROSJEAN-MAUPIN

20, RUE HÉRÉ, 20

1886

JEAN NOCRET

PEINTRE LORRAIN

NÉ A NANCY EN 1617. — MORT A PARIS EN 1672.

I.

Dom Calmet et, d'après lui, M. Bégin (*Biographies de la Moselle*), écrivent le nom de cet artiste : *Naucret,* sans indication de prénom. Ils lui attribuent une origine messine, sur la foi de Dom Bernardin Pierron qui, dans son *Templum Metensibus sacrum* [1], a consacré quelques vers à notre artiste en latinisant son nom (*Naucretius*).

La vérité est que Nocret (*sic*) est né à Nancy, ainsi que l'attestent les registres de l'Académie de peinture de Paris, dont il devint membre en 1663. Voici ce qu'on lit dans le relevé fait par M. Dussieux sur ces registres : « Nocret (Jean), peintre d'histoire, né à Nancy ; mort à « 55 ans, le 12 novembre 1672 [2]. » Il était donc né en

---

1. Cet ouvrage a été traduit en français par son auteur : *le Temple des Messins,* poème par Dom Bernardin Pierron. Metz, 1779, in-8°; le texte latin est en regard.

2. *Archives* (anciennes) *de l'art français,* t. I, p. 361.

Guillet de Saint-Georges, contemporain de Nocret, dit aussi : M. No-

1617, et non en 1612 [1], ou 1618, comme l'indiquent certaines biographies. — Suivant M. Bégin, Nocret aurait eu pour maître le graveur Sébastien Le Clerc. Il y a là une erreur évidente. Il n'est pas admissible que Sébastien Le Clerc, moins âgé que Nocret d'environ vingt ans, ait pu l'avoir pour élève. Sébastien Le Clerc, né en septembre 1637, a effectivement donné des leçons de dessin aux dames de Metz dès l'âge de douze ans. « A dix ou douze ans, dit Mariette (*Abecedario*, t. III, « p. 100), il s'attachait déjà à dessiner et montrait à « plusieurs dames de Metz. Il était alors si faible et si « fluet que l'hiver il avait des engelures à ne pouvoir « marcher, et que celles qui voulaient l'avoir dans ce « temps étaient obligées d'envoyer un valet pour le trans- « porter entre les bras. » Ce n'est évidemment pas dans

cret était de Nancy. Il vint à Paris, fit les portraits des premières personnes de la Cour et fut reçu à la charge de peintre et de valet de chambre du Roi, par un brevet du 10 décembre 1649. » *Mémoires inédits sur les Membres de l'Académie,* t. I, page 312. Paris, Dumoulin, 1854, in-8°.

1. M. Lepage, qui n'a pas retrouvé l'acte de baptême de Nocret, adopte dubitativement la date de 1612 (*Archives de Nancy,* t. II, note de la page 213). — Si, après les mentions tirées des registres de l'Académie, il pouvait rester le moindre doute sur le lieu et la date de naissance de Nocret, il serait levé par deux documents irrécusables. Le premier a été publié en 1857, dans la *Revue universelle des arts,* par M. Duplessis. C'est la liste des membres de l'Académie, jusqu'en 1704, « disposés dans le rang et charge qu'ils avaient lors de leur décès ». On y lit parmi les adjoints à recteurs : « Jean Nocret, de Nancy, mort le 11 novembre 1672, âgé de 55 ans. » Cette liste a été dressée par Reynès, concierge de l'Académie, qui, suivant Mariette, était l'exactitude même. — Le second document, concordant avec le premier, est le billet d'enterrement portant que Nocret, décédé le 11 novembre 1672, sera inhumé en l'église de Saint-Germain-l'Auxerrois sa paroisse, le lendemain 12 novembre (Octave Fidières, *Billets d'enterrement.* Paris, Charavay frères, 1883).

ces conditions que Le Clerc aurait pu être le maître de
Nocret, qui, d'ailleurs, n'a peut-être jamais été à Metz.
Nocret avait alors plus de trente ans et savait dessiner
au moins aussi bien que le jeune Le Clerc. D'ailleurs ce
dernier, qui est devenu justement célèbre, comme graveur à l'eau-forte, n'a jamais manié le pinceau. Il n'a
donc pu enseigner ce qu'il ne savait pas. S'il eût été peintre, il n'aurait pu avoir des élèves avant l'âge de trente
ans, c'est-à-dire en 1667, et Nocret avait alors 50 ans ;
il était depuis quatre ans membre de l'Académie, après
avoir longtemps résidé à Rome et exécuté d'importants
ouvrages. Ici, comme toujours, l'impitoyable logique
des dates renverse une supposition hasardée. La fausse
légende a peut-être été produite par une confusion de
nom. Félibien affirme que Nocret a reçu les premiers
principes de son art de Jean Leclerc, peintre originaire
de Nancy, où il mourut en 1633[1]. Nocret était alors âgé
de seize ans environ, et la mort de son maître, qui avait
travaillé en Italie, l'aurait décidé à quitter Nancy pour
achever son éducation à Rome ; voilà qui est tout à fait
vraisemblable. La correspondance du Poussin avec M. de
Chantelou prouve que Nocret travaillait à Rome, en 1643,
avec Pierre Mignard et les autres artistes employés aux
copies que M. de Chantelou faisait exécuter sous la
direction de Nicolas Poussin. Les deux artistes étaient
alors fort occupés, quoique encore jeunes : Mignard, éta-
bli à Rome dès 1636, avait trente-trois ans et Nocret en

---

1. Voir ci-dessous le passage cité de Félibien qui, avant d'apprécier
le talent de Nocret, dit formellement qu'il fut « disciple *du Clerc* »,
c'est-à-dire de Jean Leclerc.

avait vingt-six. Ils ont travaillé ensemble, sans qu'on
puisse dire que l'un a été le maître de l'autre. Il est
certain néanmoins que Nocret a pris et gardé beaucoup
de la manière de son condisciple. C'est à ce point que
les rares tableaux qui restent de lui ont été souvent attribués à Mignard.

Poussin a parlé deux fois des copies exécutées par
Mignard et par Nocret. Il dit dans sa lettre à Chantelou
du 22 juin 1643 : « Je fus ce matin à Farnèse[1], pour
« voir en quel état étaient vos copies. Celle que M. Mi-
« gnard a entreprise est finie... Nocret a été malade, de
« sorte qu'il n'a pu rien faire. » Puis, le 4 août suivant,
Poussin, reprenant le même sujet, donne à Chantelou
des nouvelles de ses copies, en appréciant sévèrement
la manière dont elles ont été exécutées : « M. Errard
« vous a dit que tout allait bien à Farnèse ; *bien*, oui,
« mais non pas *très bien* ; car, premièrement, Mignard a
« fait sa copie différente pour le coloris de l'original,
« autant comme il y a du jour à la nuit... Il en fixe le
« prix à quatre-vingts écus... » — Nocret est tout aussi
maltraité, si ce n'est plus, dans la même lettre : « Le
« sieur Nocret fait le diable, je ne sais pourquoi. Il a fini
« tellement quellement la Vierge à la détrempe, d'après
« le Parmesan, et, parce que je lui ai fait corriger en
« plusieurs endroits, il n'en veut rien moins de trente-
« cinq écus. — Ce qui est étrangement fâcheux, c'est
« qu'il s'est mis en tête de ne pas finir les portraits qu'il
« a commencés, n'alléguant pas d'autre excuse, sinon
« qu'il trouve à gagner davantage qu'en les faisant à

---

1. C'est-à-dire au palais Farnèse, sur la place de ce nom, à Rome.

« moins de soixante à septante écus. Quant à moi, je
« demeure muet quand je vois que des gens de ce ca-
« libre prétendent à de si grandes récompenses pour ce
« qu'ils font. »

Le jugement est sévère, mais le juge est si compétent
qu'on doit s'incliner. Il en ressort, en tout cas, que, dès
l'âge de vingt-six ans, en 1643, Nocret était à même de
mettre le marché en main à M. de Chantelou, ou plutôt
à l'illustre Poussin, son mandataire, et qu'il trouvait à
gagner soixante à soixante-dix écus romains pour une
copie de portrait, somme énorme pour le temps. Ceci
renverse le roman d'après lequel Sébastien Le Clerc,
qui n'a jamais peint, aurait pu, étant encore enfant, enseigner à Metz le dessin ou la peinture à Nocret, âgé de
vingt-six ans, et qui était à Rome.

Pendant son séjour à Rome, Nocret dut être attiré
vers son illustre compatriote, Claude Gellée, dit *le Lorrain,* dont la réputation commençait à grandir. Il le con-
nut, en effet, et tout porte à croire qu'il fut jugé par le
grand paysagiste moins sévèrement que par le célèbre
Normand. Il paraît même que Nocret eut la bonne for-
tune de rendre quelques services à Claude Gellée. En
effet, longtemps après que le peintre nancéien eut quitté
Rome pour se fixer à Paris (et certainement après avoir
obtenu, en 1649, le brevet de peintre du Roi), il reçut
en présent un tableau de Claude Lorrain qui était alors
dans toute la force de son talent. Ce petit chef-d'œuvre,
représentant saint Jean dans le désert, a figuré, en 1877
à une exposition de l'Académie royale de Londres. Il est
peint sur cuivre et porte au revers l'inscription suivante :
A Monsieur Nocre, paintre du (roi) à Paris, faict par

moy Claude Gellée lorain ano 1647 Roma pour le faveur que iay receut [1].

On doit la révélation de ce curieux détail à Mme Mark
Patisson [2], qui fait observer avec raison que la date
de 1647 est impossible, puisque Nocret n'a reçu son
brevet de peintre du Roi qu'en décembre 1649. La savante dame, à laquelle on doit un travail magistral sur
le plus grand de nos paysagistes, a poursuivi ses recherches sur ce tableau, dont elle a trouvé une esquisse portant le n° 97 du *Liber veritatis*. Au revers de ce dessin,
Claude a écrit que le tableau a été peint *pour Monsieur
Ganocr*. « C'était, dit Mme Patisson, une façon tout
« à fait phonétique pour écrire le nom de son compa
« triote. » Sans recourir à une aussi savante explication,
on peut dire que Claude Gellée avait une orthographe
fantaisiste, et que les noms inscrits sur le *Liber veritatis*
sont presque tous estropiés. Or, la mention *Ganocr* n'est
autre chose que l'abrégé de G (iov) a (ni) Nocr (et). S'il
a ainsi défiguré le nom de son compatriote, on peut admettre qu'il s'est trompé sur le millésime. Il ne serait
pas d'ailleurs impossible que le tableau eût été exécuté
en 1647, et que cette date ait été conservée par Claude,
quoique l'envoi du tableau en France n'ait eu lieu que
plusieurs années après. Qu'importe, au surplus ? Les autographes de notre grand paysagiste présentent souvent
à deviner de semblables énigmes ; trop heureux quand

---

1. Comme beaucoup de chefs-d'œuvre de Cl. Gellée, le tableau donné
par lui à Nocret n'est plus en France. Il fait maintenant partie de la galerie de lord Methuen à Corsham-Court.

2. *Claude Lorrain, sa vie et ses œuvres, d'après des documents
inédits*. Paris, librairie de l'art, 1884, 1 vol. in-4°, p. 66.

l’incertitude sur la forme n’en laisse, comme au cas présent, aucune sur le fond.

On ignore également quel a été le service (*le faveur*) que Nocret a pu rendre à Claude pour mériter une semblable récompense. S’agirait-il de travaux faits par Jean pour Claude pendant qu’ils étaient ensemble à Rome ? Comme Jacques Courtois et Philippe Lauri, Nocret aurait-il peint quelquefois les personnages qui animent les paysages du maître vosgien ? Cela est peu vraisemblable. Il serait plus naturel de supposer que Nocret, très en faveur auprès d’Anne d’Autriche, devenu peintre du jeune roi et son valet de chambre, aurait pu servir d’intermédiaire pour quelque commande importante, mais on est réduit sur ce point à une simple conjecture.

Quoi qu’il en soit, il est certain que Nocret n’était plus à Rome en 1645, époque à laquelle on le trouve pourvu d’un logement au Loûvre. A peine y était-il installé, qu’il fut chargé de faire plusieurs portraits d’Anne d’Autriche. Ce furent ses premiers ouvrages. L’un d’eux représente la régente en costume de veuve [1]. Nocret paraît avoir été l’un de ses peintres favoris, car il multiplia aux Tuileries l’image de sa chère reine qui l’avait comblé de bienfaits. Elle le nomma, par brevet du 10 décembre 1649 — en pleine Fronde — peintre du roi et son valet de chambre [2]. Plus tard, le roi Louis XIV signait, à Calais, le 22

---

1. Il a été gravé par Michel Lasne qui lui assigne la date de 1645. Il existe cependant un portrait antérieur, peint par Nocret vers 1642, où Anne d’Autriche n’est pas en costume de veuve. Il est au musée de Versailles, n° 2,063. Le costume de la reine, dans ce dernier portrait, prouve que son auteur était revenu en France avant le 11 mai 1643, date de la mort de Louis XIII.

2. Un état de la maison de la reine-mère, pour 1652, indique que

juin 1658, un brevet accordant à Nocret un vaste atelier aux Tuileries[1]. Son talent, comme peintre de portraits, était donc définitivement reconnu. Sa manière tenait beaucoup, comme nous l'avons dit, de celle de son ami Mignard. Quoiqu'il lui fût inférieur, plusieurs portraits exécutés par Nocret ont été attribués au peintre de la coupole du Val-de-Grâce. On ajoute qu'il réussissait à merveille dans la peinture décorative.

Après la mort de la reine-mère, Nocret devint le peintre favori de Philippe d'Orléans dont il fit de nombreux portraits, avant et après son mariage. Plusieurs ont été gravés. Ceux du jeune roi ne l'ont pas été. On doit d'autant plus le regretter qu'ils sont aujourd'hui détruits, et qu'il existe peu de portraits authentiques de Louis XIV enfant. Mais on possède un portrait gravé, d'après Nocret, de *Madame* Henriette, première femme de Philippe d'Orléans. Le graveur n'en a pas indiqué la date. Serait-ce le portrait peint par Nocret en 1665 et dont Robinet, dans sa *Gazette rimée*, du 22 novembre de cette même année, a fait un éloge emphatique, délayé dans une trentaine de vers ? En tout cas, cette peinture ne paraît pas être celle qu'on voit au musée de Versailles (n° 3,502).

---

parmi les peintres valets de chambre, Nocret jouissait d'un traitement de 400 livres (*Archives* (anciennes) *de l'art français*, t. V, page 196).

1. Ce brevet attribue à Nocret « la dernière arcade du magasin qu'avait deffunct Girard Vuyet, *son beau-père* (maître maçon du roi), au-dessous de la petite gallerie du palais des Thuilleries et au-dessous du gros pavillon... Et ce, ajoute le brevet, en considération des services de Nocret, peintre ordinaire du Roy, et afin de le pourvoir d'un lieu propre et commode pour travailler à de grands tableaux, ce qu'il ne peut faire dans son logement de la gallerie du Louvre. » Ce brevet, qui fait connaître le nom de la femme de Nocret, est rapporté *in extenso*, **Archives** (anciennes) *de l'art français*, t. III, p. 226.

Le costume de la princesse n'est pas le même que celui de la gravure exécutée par Jean Sauvé et qui est décrit ci-après.

II.

Nocret fut en grande faveur à la cour du jeune roi. En 1657, il fut envoyé en Portugal pour faire le portrait de l'infante Catherine[1]. Notre artiste partit avec le marquis de Comminges, ambassadeur de France en Portugal. Après avoir exécuté le portrait de Catherine, il fit aussi celui du roi Alphonse VI et de l'infant Dom Pedro qui détrôna son frère en 1667. Ces travaux furent richement récompensés, notamment par Alphonse VI. Il fit compter à l'artiste 500 pistoles, et lui donna une chaîne d'or, accompagnée de sa médaille[2].

Plus tard, en 1663, Nocret, en sa double qualité de peintre et de valet de chambre, reçut, un des premiers, la confidence des amours de Louis XIV avec Mlle de la Vallière. Le roi le chargea de peindre sa maîtresse à Paris. Aussitôt terminé, le tableau fut transporté à Versailles. C'est à l'historien de Bossuet, au savant et grave M. Floquet, qu'on doit la révélation de ce fait[3] rappelé

---

1. Fille de Jean IV, mort en 1656. Elle était sœur d'Alphonse VI qui régnait alors, et fut détrôné par son frère Pierre II. Née en 1638, mariée le 31 mai 1662 au roi d'Angleterre Charles II, mort en 1685. Elle mourut en 1705, sans postérité.

2. M. Dussieux, *les Artistes français à l'étranger*, 3° éd., p. 535, d'après les *Mémoires de l'Académie*, t. I, p. 312.

3. A Nocret, peintre de S. M., pour le portrait de Mlle de la Vallière, lequel a été porté par ordre de S. M. dans son château de Versailles, 220 livres (Registres du Trésor royal, année 1663, t. II). Note de la

par M. Lair, le récent et le plus sérieux historien de la
charmante pécheresse [1]. Ce fut aussi vraisemblablement
vers la même époque que Nocret fut successivement
pourvu par Philippe d'Orléans de trois brevets, l'un de
peintre, l'autre de valet de chambre, et le troisième de
contrôleur de la maison de la duchesse Henriette, sa
première femme [2]. Les portraits de ce prince qui ont été
exécutés par Nocret et dont la gravure est due au burin
de François de Poilly et de Van Schuppen, sont particulièrement remarquables.

Les châteaux de Saint-Cloud et des Tuileries étaient
décorés de plusieurs plafonds et autres peintures de Nocret. Le musée de Versailles possède son chef-d'œuvre.
C'est un grand tableau représentant Louis XIV et toute
sa famille. Il était au palais de Saint-Cloud. Transporté à
Versailles, à l'Œil-de-Bœuf, longtemps avant l'incendie
de 1870, il a échappé à la destruction des peintures de
notre maître qui décoraient surtout les appartements
des Tuileries et ceux de Saint-Cloud. Nous le décrivons
plus loin avec détail.

Voici comment le talent de notre artiste est apprécié
par Félibien : « Nocret, qui était de Lorraine et disciple
« du Clerc (Jean Leclerc), peignait d'une manière fraîche
« et agréable. Il avait travaillé longtemps en Italie à faire
« des portraits. Quoique ce fût son principal talent, il a

---

p. 460 de l'ouvrage intitulé : *Bossuet, précepteur du Dauphin*, par
M. Floquet, Paris, Didot, 1863, in-8°. — On ne sait ce qu'est devenu
ce curieux portrait qui ne peut être aucun de ceux qu'on voit à Versailles et dont l'authenticité est problématique.

1. *Louise de la Vallière*, par M. J. Lair. Paris, Plon, 1881, in-8°.

2. Guillet de Saint-Georges, dans les *Mémoires inédits* de l'Académie,
t. I, p. 312.

« fait néanmoins d'assez grands ouvrages à Saint-Cloud ,
« dans la maison de *Monsieur* et aux Tuileries, dans l'ap-
« partement de la Reine, où il a représenté cette prin-
« cesse en divers endroits, sous la figure de Minerve [1].
« Il était recteur de l'Académie lorsqu'il mourut en
« 1672 [2]. »

Ainsi que nous l'avons dit au commencement de cette
notice, Nocret avait été reçu à l'Académie royale de
peinture et de sculpture en 1663. Les procès-verbaux
de cette société, récemment publiés, indiquent qu'il fut
admis le 3 mars 1663, en même temps que Mignard
et Dorigny, sans qu'aucun d'eux eût envoyé un ouvrage de réception, et sur le simple désir qu'ils avaient
manifesté de leur admission [3]. Cependant Nocret en-
voya plus tard un Saint Pierre comme morceau de réception [4]. Les nouveaux académiciens prirent séance le

---

1. On doit supposer qu'il s'agit ici de Marie-Thérèse. Aucun de ses
portraits n'a été gravé.

2. *Entretiens sur les vies des peintres,* Amsterdam, 1706, t. IV,
page 181. Félibien se trompe, Nocret était adjoint au recteur et non
recteur.

3. Tome I, p. 214.

4. *Archives* (anciennes) *de l'art français,* t. II, p. 381. — Guillet de
Saint-Georges, qui rapporte ce fait, ne donne pas la description de ce
tableau ; mais elle se trouve dans l'ouvrage de Guérin, secrétaire de
l'Académie, intitulé : *Description de l'Académie,* Paris, Collombat, 1715,
in-12. On y lit, pages 194 et 195 : « N° 56. — Tableau de 3 pieds
de haut, sur 2. Il représente, dans une figure plus qu'à demi-corps,
l'apôtre saint Pierre, où le peintre, en faisant choix d'un naturel conve-
nable à la condition de ceux que Jésus-Christ appela pour le suivre, n'a
pas laissé de donner un air de spiritualité et d'élévation digne de l'apos-
tolat et du chef de l'Église. Et, pour le désigner en particulier, l'auteur
l'a fait pleurant et dans l'amertume de la pénitence qu'il fit après sa
chute. Ce qui est encore exprimé par le pressement des mains de l'apôtre dont les doigts sont entrecroisés. Dans ces sujets, ce n'est que dans
ces sortes de caractères que peut paraître l'intention de l'artiste. »

                    JEAN NOCRET.

même jour, et leurs signatures se trouvent au bas du
procès-verbal du 3 mars. Nocret était très assidu aux
séances de l'Académie, dont il devint adjoint au recteur
le 3 septembre 1667 [1]. Il avait été nommé professeur le
28 juin 1664, et il continua son enseignement après son
adjonction au rectorat.

Les procès-verbaux de l'Académie, de 1663 à 1672,
portent presque tous la signature de Nocret. Il tomba
malade en 1671, car le procès-verbal du 26 septembre
de cette année porte : « M. Auguier a promis de faire
« quelques semaines de rectorat, dans le quartier pro-
« chain, en attendant le recouvrement entier de la santé
« de M. Nocret. » Il se rétablit, puisque les procès-verbaux portent sa signature depuis le 24 décembre 1671
jusqu'au 12 mars 1672. Ce procès-verbal est le dernier
que Nocret ait signé. Depuis cette date, son nom n'est
plus mentionné que dans deux séances : 1° celle du 26
novembre 1672, où l'Académie décide qu'on fera célé-
brer un service le 3 décembre, *pour défunt M. Nocret,*
mort le 11 novembre précédent ; 2° celle du 3 décembre
où « l'Académie, délibérant sur le choix d'un adjoint au
« recteur, pour remplir la place de défunt M. Nocret, la
« Compagnie a nommé et establi, en cette qualité, M. Gi-
« rardon [2] ».

Suzanne Silvestre, petite-fille d'Israël, a gravé un portrait de Nocret, peint par lui-même, où il s'est représenté
tenant un pinceau. Cette gravure a été exécutée par Su-

---

1. *Archives* (anciennes) *de l'art français*, t. I, p. 407. Paris, Dumoulin, 1851, in-8°; et *Procès-verbaux de l'Académie royale de peinture et de sculpture,* Paris, 1875, in-8°, t. I, p. 322.

2. *Procès-verbaux,* etc., p. 402.

zanne longtemps après la peinture, car elle n'était pas née lors de la mort de Nocret qui, dans ce portrait, paraît âgé d'environ 40 ans. On ignore ce qu'est devenu l'original [1].

Il existe au musée de Versailles (n° 3,467) un autre portrait de Nocret exécuté par son fils. Dans cette peinture, l'artiste est représenté tenant des deux mains une tête d'homme dessinée à la sanguine. Ce portrait paraît être le même que celui qui avait été donné à l'Académie par Charles Nocret, fils de Jean.

La notice consacrée à l'artiste nancéien par Guillet de Saint-Georges dans les *Mémoires* de l'Académie de peinture et de sculpture contient une description détaillée des peintures considérables exécutées par Nocret à Saint-Cloud et aux Tuileries. Ces peintures ont péri dans les incendies de 1870 et 1871. Il ne reste plus, dans les collections publiques, que deux peintures certaines de Nocret [2]. Elles sont à Versailles. L'une est un portrait d'Anne d'Autriche (n° 2,163). L'autre est un grand tableau qui se voit dans le salon de l'Œil-de-Bœuf. Ce tableau, dit Guillet de Saint-Georges, dans sa notice sur Nocret, se trouvait, en 1670, dans l'antichambre de *Monsieur* à Saint-Cloud. « C'était, ajoute-t-il, une composition où, « sous un dessin allégorique, il y a une assemblée de « dieux où est représentée la famille royale, au nombre « de dix-huit figures, chacune grande comme nature. »

---

1. Voir ci-après la description des portraits gravés d'après Nocret, par différents artistes, n° 8.

2. L'attribution à Nocret du portrait d'Henriette d'Angleterre qui se trouve au musée de Versailles (n° 3502) serait problématique. En tout cas, ce portrait n'est pas celui qui a été gravé par Sauvé et qui est décrit *infrà* n° 7.

Point de doute que cette description, faite par un contemporain, ne désigne le tableau de Nocret qui se voit aujourd'hui à l'Œil-de-Bœuf, et que les éditeurs des *Galeries de Versailles* attribuent sans hésitation à Mignard. M. Alexandre de la Borde (*Versailles ancien et moderne*, p. 153) est plus près de la vérité en disant qu'il est de l'école de Pierre Mignard, car il est certain que Nocret a travaillé avec lui à Rome pendant plusieurs années; d'ailleurs sa peinture rappelle celle de ce maître.

Voici, au surplus, la description de ce tableau [1] :

A droite, Louis XIV à demi nu, et vêtu seulement à la mode suivant laquelle on habillait de son temps les divinités mythologiques, est assis sur son trône, d'où il domine presque toute sa famille. Il a le sceptre en main et est coiffé de la perruque traditionnelle, c'est Jupiter avec les lauriers d'Apollon. Un peu plus bas, la reine Marie-Thérèse, sous la figure de Junon accompagnée du paon, est entourée de jeunes amours. C'est le Grand Dauphin, avec ses frères et ses sœurs morts jeunes. Derrière le roi se tient sa cousine germaine, la Grande Mademoiselle, sous la figure de Diane, armée d'un javelot. Elle est debout, près du roi. De l'autre côté du trône, mais au dernier plan, se trouve un groupe de trois princesses debout qui paraissent être Marguerite de Lorraine, veuve de Gaston d'Orléans et ses deux filles. Viennent ensuite, en se rapprochant du

---

1. Lorsque M. de la Borde a publié son livre, en 1841, le catalogue du musée de Versailles, par M. Eudore Soulié, n'existait pas. Il n'a donc pu savoir que le savant conservateur en décrivant, sous le n° 2,157, le tableau dont il s'agit, l'attribue sans hésiter à Nocret. L'ouvrage de M. de la Borde renferme une reproduction imparfaite de ce tableau.

premier plan : Anne d'Autriche en Cybèle, tenant un globe, Henriette d'Angleterre, en nymphe, et Philippe d'Orléans — entre lesquels on voit, sous la figure de Zéphyre, Marie-Louise, leur fille aînée. Philippe n'est pas en Apollon, comme on l'a dit [1]. Il est représenté sous la figure de l'étoile du matin (*Lucifer*) qui est censée aller devant le char du soleil pour annoncer son retour. La tête de Philippe est coiffée d'une perruque comme celle du roi, et entourée de rayons, il tient dans la main droite une corne d'abondance surmontée d'une étoile rayonnante. Près de lui, et tout à fait sur le premier plan, sa belle-mère, veuve de Charles Ier, tient de la main gauche le sceptre de Neptune et, de la droite, une branche de corail ; c'est Iris ou Thétis.

On peut déterminer approximativement la date de ce tableau. Il est postérieur à 1660, date de la mort de Gaston d'Orléans qui n'y figure pas, tandis qu'on y voit sa femme Marguerite de Lorraine, tante du roi, mais seulement par alliance. Il est même postérieur à 1664, puisqu'on y voit Henriette d'Angleterre, mariée le 31 mars 1661, et qu'elle s'y trouve représentée avec Marie-Louise, sa fille, âgée d'environ quatre ans. Mais il est antérieur à 1667, puisqu'on y voit Anne d'Autriche morte en 1666. On peut en conclure que le tableau a été exécuté en 1665 ou 1666. Une seule objection peut être faite : c'est celle qui est tirée de la présence des six enfants de Louis XIV dont le dernier est né en 1672. Mais

---

1. Il semble, en effet, au premier abord que les rayons lumineux dont la tête de Philippe est entourée, caractérisent le dieu du jour qui aurait abandonné ses lauriers à son frère. Mais l'étoile surmontant la corne que Philippe tient de la main droite doit faire écarter cette interprétation.

comme il est certain que le tableau était à Saint-Cloud en 1670, il faut admettre que les trois enfants ont été ajoutés après coup, peu de temps avant la mort de Nocret et contrairement à l'intention de l'artiste.

Quant à Marguerite de Lorraine, le motif qui pourrait faire douter qu'elle figure dans ce tableau est que sa tête ne ressemble à aucun de ses portraits connus. Mais ce doute doit se dissiper si l'on considère que Marguerite était âgée d'environ cinquante-cinq ans à l'époque où cette peinture fut exécutée. Les dieux sont toujours jeunes, et une vieille figure aurait fait tache dans cet Olympe. Aussi le peintre avait-il dû rajeunir considérablement Anne d'Autriche. Il avait également enlevé bien des années à Henriette d'Angleterre, belle-mère de Philippe d'Orléans. Mais il n'y avait pas en France de portrait représentant la femme de Gaston dans sa jeunesse. Celui de Van Dyck, gravé par Vorsterman, ne lui était pas tombé sous la main, dès lors il a dû faire à Marguerite une figure de fantaisie. C'est ce qui fait qu'on ne la reconnaît pas. Mais c'est bien elle qui est représentée accompagnée de ses deux filles : Louise d'Orléans, duchesse de Toscane, et Élisabeth, duchesse de Guise. Quant à sa troisième fille, Françoise-Madeleine, duchesse de Savoie, elle était morte en 1664 ; c'est pourquoi elle ne figure pas dans l'Olympe de l'Œil-de-Bœuf. Son portrait se trouve (n° 2,071) dans le salon de Mercure, avec celui de ses deux sœurs (n°s 2,069 et 2,070). — M. Alex. de la Borde place, comme nous, Marguerite dans l'Olympe ; mais il se trompe en disant qu'elle était mariée au duc de Lorraine.

D'après la description de Combes, reproduite sous le

n° 2,157 du catalogue de Versailles, Marguerite de Lorraine n'aurait pas trouvé place dans le tableau de Nocret.
Suivant lui, les trois figures de femmes qui sont à la
droite du roi seraient les trois filles de Gaston, sous la
figure des trois Grâces. Nous ne pouvons admettre que
Marguerite, encore vivante, ait été exclue de l'Olympe
royal où l'on aurait fait figurer une princesse morte depuis plusieurs années, tandis que sa mère ne s'y trouve-
rait pas. Cette double exception à l'ordonnance générale
du tableau nous paraît inadmissible.

III.

M. Jal mentionne de nombreux paiements faits à Nocret pour ses travaux qui furent largement rémunérés,
si l'on en juge par ce fait que les sommes dues pour les
peintures faites en 1669, 1670 et 1671, dans la chambre,
l'antichambre et la salle des gardes de la reine, aux
Tuileries, s'élevaient à 36,262 livres, dont 4,762 livres
furent touchées par ses héritiers. M. Jal ajoute qu'en
1706, quand on fit l'inventaire des peintures existant
dans les maisons royales, il y avait de Nocret, le père,
quarante tableaux, dont quatre dans l'appartement de la
reine-mère, aux Tuileries, et trente-deux dans celui de la
reine. Au garde-meuble de Versailles, il y avait un portrait
de la princesse Palatine, duchesse d'Orléans, et deux de
Mlle de la Vallière.

Suivant une tradition reproduite par M. Jal (art. *Nocret*), notre artiste aurait peint une autre beauté de la
cour de Louis XIV qui succéda médiatement à Mlle de la

Vallière. Voici, en effet, ce qu'on lit dans la continuation de la *Muse historique* de Loret, par Charles Robinet, sous la date du 30 novembre 1669, dans la pièce adressée au duc d'Orléans :

> . . . . « Nocret
> De l'illustre de Ludre a fait
> Une incomparable peinture,
> Il l'a peinte en Magdeleine,
> Pénitente cela s'entend.... »

On voit à Versailles un portrait catalogué sous le n° 4,266, sans indication d'auteur, et désigné comme représentant « la duchesse du Lude (Marguerite-Louise-« Suzanne de Béthune, duchesse). — Peinture du XVIIe « siècle. H. 0,81. L. 0,65. — Ce portrait a été aussi dési-« gné sous le nom de Mme de Ludre, maîtresse de « Louis XIV. — Elle est représentée assise, la tête ap-« puyée sur la main droite et tenant de la gauche une « croix. » — Ce portrait est-il celui dont parle Robinet? Il est permis d'en douter.

S'il est certain, d'après Robinet, qu'un portrait de Mme de Ludre a été exécuté par Nocret en 1669, peut-on admettre que, par suite d'une mauvaise lecture, le nom de la belle chanoinesse aurait remplacé celui de la seconde Mme du Lude? Cette dernière était alors comtesse de Guiche, et elle n'a épousé M. du Lude qu'en 1681, c'est-à-dire longtemps après la mort de Nocret. Il ne pourrait s'agir que de la première Mme du Lude (Renée-Éléonore de Bouillé), mais c'est une simple conjecture que rien ne justifie. Il serait moins impossible que le n° 4,266 du musée de Versailles représentât Mme de

Ludre, chanoinesse de Poussay en Lorraine, qui, après avoir été fiancée à Charles IV, duc de Lorraine, devint sa maîtresse sans avoir reçu la bénédiction nuptiale. Le volage souverain de la Lorraine quitta Mme de Ludre pour épouser Louise d'Apremont. La belle chanoinesse vint à la cour de France où elle était, en 1666, dame d'honneur de la première duchesse d'Orléans, comme elle le fut aussi de la seconde, après avoir appartenu à la maison de la reine.

C'est alors que Mme de Ludre était dame d'honneur de la princesse Palatine qu'elle attira l'attention de Louis XIV. La faveur de Mme de Montespan commençait à décroître, et il est certain que ce fut pendant le règne de l'altière favorite que la belle de Ludre devint la maîtresse du roi. Elle fut sur le point d'être *déclarée* et de supplanter la maîtresse en titre. Mais cette petite intrigue dut commencer, au plus tôt, en 1674 ou 1675 pour finir en 1677, c'est-à-dire après la mort de Nocret arrivée en 1672. Il est donc difficile d'admettre que la femme représentée en pénitente par Nocret, en 1669, puisse être celle qui fit pénitence après avoir été renvoyée par Louis XIV en 1677.

Toutefois, pour justifier l'hypothèse d'après laquelle la belle pénitente qui se voit à Versailles serait Mme de Ludre peinte par Nocret, ainsi que l'affirme Charles Robinet, on peut dire que, longtemps après son arrivée à la cour de France, et avant d'avoir été courtisée par le Grand roi, la belle chanoinesse pleurait la faute que Charles IV lui avait fait commettre. Benserade qui l'aimait en poète, autant pour son esprit que pour sa beauté, regrettait de la voir presque toujours triste et faisait sur elle, le 14 septembre 1667, les vers suivants qui la convient au mariage :

> Pour vous guérir il conviendrait, de Ludre,
> Que le pasteur au doigt vous mît un jonc.
> Vous avez l'air tendre, doux et lugubre :
> A la pigeonne il faudrait un pigeon [1].

Dès lors, rien ne s'opposerait à ce que la belle de Ludre se fût fait peindre en 1669 en Madeleine pénitente de la première faute commise avec Charles IV, sans pressentir celle qu'elle devait commettre plus tard avec Louis XIV, et après laquelle Mignard la représenta également en Madeleine pénitente [2]. Suivant M. Jal, il n'est pas douteux que le portrait de Versailles ne soit celui de Mme de Ludre. Toutefois, un examen attentif de cette peinture renverse toutes les hypothèses qui viennent d'être faites. La femme représentée est âgée d'environ trente ans ; elle est quelque peu grasse, elle a même un double menton ; son air est triste ; la tête repose sur la main droite ; de la gauche elle tient une croix ; ses cheveux sont châtains. Cette description ne concorde ni avec l'émail de Petitot, qui est au Louvre, ni surtout avec le portrait de la belle chanoinesse de Poussay qui se conserve en Lorraine dans la famille de Ludre et dont une copie est dans la collection de M. Beaupré. Ce serait donc à bon droit que le catalogue du musée de Versailles ne mentionne pas le portrait portant le n° 4,266 comme étant celui de la belle de Ludre. Si c'est celui de la première Mme du Lude, pourquoi est-elle représentée en Ma-

---

1. *Corresp. de Bussy*, éd. Lalanne, t. I, p. 64.
2. Beaupré, *la Belle de Ludre*. Nancy, 1851, in-8°.

deleine pénitente? Nous ne savons. Dans tous les cas, il paraît impossible que le portrait de Versailles soit celui dont a parlé Robinet. Il faut croire que ce dernier portrait a été perdu, comme tant d'autres. Ajoutons que la peinture du n° 4,266 est très différente de celle du grand tableau de l'Œil-de-Bœuf.

IV.

Ainsi que nous l'avons dit ci-dessus, Nocret s'était marié, vers 1645, avec Antoinette, fille de Gérard Huyet, maître maçon des bâtiments du roi. Dix enfants sont nés de ce mariage. Les actes de leurs naissances retrouvés par les patientes investigations de M. Jal, commencent en 1646 et s'arrêtent en 1657. Un seul de ces enfants, Charles, né le 20 février 1648, a été peintre. Il épousa en secondes noces Élisabeth Selincart, sœur de la femme d'Israël Silvestre, qui fut témoin de ce mariage, ainsi que le graveur François Noblesse [1]. Charles Nocret succéda

---

1. L'un des Nocret (on ne sait si ce fut le père ou le fils) avait fait le portrait d'Henriette Selincart, femme d'Israël Silvestre. Il l'a représentée vers l'âge de 30 ans. Henriette était, comme nous l'avons dit, la sœur d'Élisabeth qui devint la femme de Charles Nocret. C'est par erreur que M. le baron de Silvestre, dans sa notice de 1868 sur ses ancêtres, a dit, p. 98, que Jean Nocret était le fils de Charles. Il était son père. Cette légère erreur a été reproduite à la page 130 de la seconde édition, considérablement augmentée, de cet ouvrage, d'ailleurs très consciencieux et plein de documents intéressants. Le portrait d'Henriette Selincart, par l'un des Nocret, paraît être perdu, car M. le baron de Silvestre ne l'a jamais vu. En revanche, il possède trois effigies de cette dame par Lebrun, dont un magnifique pastel, le portrait à l'huile peint sur marbre qui était sur son tombeau et le dessin de cette peinture que nous nous sommes fait un plaisir de lui céder. Avec ces trois morceaux, on peut se consoler de la perte du portrait de Nocret.

à son père dans la charge de valet de chambre de *Mon-sieur*; il devint ensuite le valet de garde-robe du Régent. Il fut un des premiers jeunes élèves de l'Académie de Rome. C'est ce que constate la *Gazette rimée* de Robinet du 8 mai 1666 (vers 245 à 258). .

Charles Nocret fut, comme son père, membre de l'Académie de peinture. Guérin fixe au 31 mars 1674 la date de cette réception [1]. Elle eut lieu sur un portrait de son père, de 6 pieds de haut sur 4 pieds et demi. Ces dimensions semblent indiquer que le portrait de l'Académie est autre que celui du musée de Versailles (n° 3,467) dont les dimensions sont de $1^m,50$ de haut sur $1^m,25$ de large. Néanmoins, suivant M. Bellier de la Chavignerie [2], qui ne s'est pas préoccupé des dimensions, le tableau de l'Académie aurait été transporté à Versailles où il figure sous le n° 3,467. En ce cas, il aurait été réduit.

Le document fourni par Guérin, sur la réception de Charles Nocret à l'Académie est confirmé par le procès-verbal du 31 mars 1674, lequel porte : « Le sieur « Nocret qui s'est ci-devant présenté, a été, cejourd'huy, « reçu en qualité d'académicien ; à la charge qu'il mette « à l'académie le portrait de défunt Monsieur son père « pour en honorer la mémoire, et cependant a pris « séance [3]. » Cette remise du portrait de Nocret père eut lieu le 7 juillet 1674, ainsi que le porte le procès-verbal

---

1. *Description de l'Académie* par Guérin, secrétaire perpétuel. Paris, 1715, in-12, p. 174.

2. *Biographie* Michaud.

3. *Procès-verbaux de l'Académie royale.* Paris, 1878, in-8°, t. II, p. 26.

de ce jour[1]. Charles Nocret fils mourut à Paris le 8 décembre 1719.

En terminant cette notice, nous ne pouvons nous défendre d'une triste réflexion sur les chances de la célébrité. Un artiste a été membre et l'un des dignitaires de l'Académie de peinture. Il a exécuté avec un incontestable talent les portraits de plusieurs souverains et de grandes reines. Les meilleurs graveurs de son temps se sont disputé l'honneur de reproduire ses ouvrages. Peintre de *Monsieur*, il a décoré son palais de Saint-Cloud, comme il avait auparavant décoré les Tuileries. Après avoir été très connu de ses contemporains, aussitôt après sa mort le silence se fait autour de lui. Bien plus, cinquante ans plus tard, son souvenir est tellement vague et confus qu'en essayant de le réveiller on altère son nom. Son premier biographe, trompé par une homonymie, le fait élève d'un graveur beaucoup plus jeune que lui et qui n'a jamais peint. Dom Pierron, parlant de lui en 1719, le fait naître à Metz. Cette erreur est acceptée sans contestation par Dom Calmet dans la *Bibliothèque lorraine*.

De notre temps, Nocret a été oublié dans l'histoire des peintres français auxquels un éminent critique a consacré trois volumes *in-quarto*. Il l'aurait été aussi dans la nouvelle édition de la *Biographie universelle*, si M. Bellier de la Chavignerie, un chercheur sérieux, ne lui avait consacré une exacte, mais trop courte notice, qui a été analysée dans la *Biographie générale*. De tous les travaux exécutés par Nocret, il ne reste plus que deux

---

1. *Procès-verbaux de l'Académie royale*. Paris, 1878, in-8°, t. II, p. 23.

ou trois ouvrages dans les collections publiques. L'un d'eux occupe une place d'honneur au musée de Versailles. C'est heureusement le chef-d'œuvre de l'artiste. Sans M. Eudore Soulié, qui a restitué ce tableau à Nocret, le gros du public continuerait à l'attribuer à Mignard. *Sic transit gloria mundi.*

V.

JUGEMENTS SUR LES TRAVAUX DE JEAN NOCRET. LISTE DE SES OUVRAGES.

Le grand tableau de l'Œil-de-Bœuf est incontestablement le chef-d'œuvre de Nocret, à ce point qu'il a été longtemps attribué à Mignard. En l'examinant avec soin, on reconnaît qu'il est effectivement dans la manière de ce grand peintre. Il faut se garder d'en conclure que notre artiste ait été son élève. Il a pu l'imiter en l'affadissant quelque peu, sans avoir jamais reçu ses leçons. Ces deux artistes étaient contemporains ; ils avaient travaillé ensemble à Rome. Le moins habile a pu prendre quelque chose de la manière du grand maître, mais voilà tout ; et c'est ce qu'on ne doit pas se lasser de répéter.

Bien des années se sont écoulées depuis qu'il nous a été donné de voir et de revoir à Saint-Cloud les peintures de Nocret. Nous les avons visitées, une dernière fois, au mois de juin de la fatale année 1870. L'impression qui nous en est restée est qu'elles étaient inférieures au tableau de Versailles. Elles avaient d'ailleurs poussé au

noir, et les sujets mythologiques qu'elles représentaient
étaient loin d'offrir le piquant de celui de l'Œil-de-Bœuf.
Ce dernier, au contraire, est bien conservé, et son exécution montre ce dont l'artiste lorrain était capable. Cette
seule page suffirait pour sauver de l'oubli le nom de son
auteur qui, sans pouvoir être mis au premier rang, mérite cependant d'occuper une place honorable parmi les
peintres du XVIIᵉ siècle.

Tel paraît être l'avis de l'abbé de Marolles qui, dans
son curieux *Livre des peintres et des graveurs*, a consacré
à Nocret l'un des quatrains de sa triste poésie. Ce quatrain
porte le n° LXXXII. Sans être précisément louangeur, il
met Nocret à la place que ses contemporains lui avaient
assignée.

> Jean Nocret ne peut estre avec Faulte et Grandhomme
> Sans être distingué comme un peintre excellent :
> Il fait paroistre en tout un certain air galant
> Qui veut que dans le Louvre et partout on le nomme.

Le musée du Louvre ne possède pas un seul tableau
de Nocret. Il n'en existe pas non plus au musée de sa
ville natale. Depuis la destruction des palais de Saint-
Cloud et des Tuileries, il ne reste plus dans les collections
publiques de France que deux peintures authentiques de
l'artiste lorrain. Elles sont l'une et l'autre au musée de
Versailles qui, outre la grande page de l'Œil-de-Bœuf,
ci-dessus décrite, possède un autre tableau de notre
maître. Il est ainsi décrit sous le n° 2,063 du catalogue
de M. Eudore Soulié : « Anne d'Autriche, reine de France,
« par NOCRET le père. H. 1,23 — L. 1,07. — La reine est
« assise sur une chaise, vêtue d'un habit fleurdelisé, tenant

« son manteau doublé d'hermine ; ses gants sont posés
« sur une table couverte d'une étoffe d'or. — Ce tableau
« était placé, d'après l'inventaire dressé par Bailly, en
« 1710, dans l'appartement de la reine-mère au Louvre. »

La notice de Guillet de Saint-Georges sur Nocret dans
les *Mémoires de l'Académie royale de peinture* est suivie
de l'analyse d'une conférence faite par notre artiste sur
le tableau du Poussin représentant le *Ravissement de
saint Paul.* Guillet ne se borne pas toujours à une simple
analyse, il cite quelquefois textuellement les paroles du
maître : « On trouve dans ce tableau une savante pratique
de tout ce qui s'était déjà dit dans l'Académie, touchant
l'art de bien traiter les contours, de donner aux figures
leur attitude naturelle, de leur faire exprimer les plus
secrets mouvements de l'esprit, de distribuer à propos
les jours et les ombres, de faire avancer ou fuir les
objets avec jugement, et d'observer exactement les pro-
portions.

« La partie de l'air qui règne derrière le groupe de
ces quatre figures est d'une teinte fort douce, et soutient
une nuée légère et transparente pour donner moyen aux
parties supérieures du tableau de se détacher sans confusion. Le lointain marque une grande étendue de ter-
rain par le sage ménagement des couleurs et de la lumière, et surtout par l'effet d'un grand jour qui tombe
sur l'escalier d'un édifice.

« Dans le vol des anges, on voit une légèreté la plus
aisée et la plus libre du monde ; on dirait que le saint
facilite cette rapidité par l'ardeur qu'il a d'être élevé
dans le ciel, en y tendant les bras, et y portant la vue
avec un transport divin, comme si l'impatience le pres-

sait extraordinairement. Sa tête est éclairée d'une lumière douce qui fait un agréable contraste avec la noirceur des cheveux. Les diverses parties de son corps reçoivent l'ombre et le jour avec toute l'économie que demande leur différente situation au respect de la lumière, et selon cet art merveilleux qui doit les faire approcher ou reculer, ce qui se peut remarquer particulièrement au bras droit et à la main droite. La draperie rouge qui sert de manteau à cette figure forme plusieurs grands plis fort étendus, tant pour le ménagement du nu que pour celui des jours et des ombres qui s'y répandent. Comme le tissu de la robe paraît plus fin, les plis en sont beaucoup plus serrés. Cette draperie est de couleur verte pour mieux relever les carnations vers le genou et vers la jambe, et son ombre ne sert pas seulement à mieux détacher le bras de l'ange qui est auprès, mais aussi à faire un contraste avec la lumière principale qui règne avec une force dominante dans le tableau.

« La plus grande lumière[1] et la plus apparente domine « généralement sur tout le tableau ; car c'est une règle « que la plupart des fameux auteurs ont fort observée « de n'avoir jamais deux commandants aux sujets que « l'on veut traiter, et il n'y a point de partie, quelque « inférieure qu'elle puisse être, qui n'ait dans son espèce « la même autorité que la plus forte pourrait avoir. » Donc chaque espèce a son commandant particulier, et il y a plus d'un commandant dans le sujet, toutefois il est admis qu'il n'en faut jamais deux.

« L'ange qu'on voit sous la draperie, d'un bleu assez

---

1. Guillet emprunte ici quelques lignes au discours de Nocret.

doux, en fait paraître les carnations avec plus de grâce
et de tendresse quoiqu'il ne reçoive de clarté que par
quelques échappées de lumière qui se répand sur ses
bras et sur l'extrémité d'une manche retroussée auprès
de l'épaule. Des deux autres anges, celui qui semble
s'approcher le plus de nos yeux, et qui est vêtu d'un
jaune doré fort léger, porte une étole dont les deux bouts
échappés représentent l'autorité divine, à ce que dit
M. Nocret. Le troisième paraît avec une draperie couleur
de lin qui fait une union tendre et douce avec le champ
du tableau et qui s'y perd insensiblement. Ils semblent
montrer à saint Paul le chemin qu'ils prennent, et s'en-
tretenir avec lui de la félicité qui comblera bientôt leurs
souhaits. — Cette expression, ajoute Guillet, est vive et
naturelle et fit dire pour conclusion à M. Nocret qu'elle
était dignement soutenue dans ce tableau par toutes les
autres parties essentielles de la peinture, et que M. Poussin ne s'y était pas moins fait admirer que dans les autres
ouvrages qui sont sortis de sa main, de sorte qu'il devait
être proposé aux élèves comme le digne sujet de leurs
études. »

Le tableau qui a fait l'objet de cette conférence est
actuellement au Louvre, où il figure au catalogue de l'é-
cole française sous le n° 433. C'est un des mieux con-
servés de notre musée. Il fut peint à Rome, avant 1649,
pour Scarron. Il vint ensuite entre les mains de Jabach,
d'où il passa dans le cabinet du roi. Nocret ne paraît pas
avoir connu une autre composition sur le même sujet qui,
dès 1648, avait été adressée par le Poussin à Chantelou. Ce
tableau, à en juger par l'admirable gravure de Jean Pesne,
est encore supérieur à celui du Louvre. Il a fait partie

de la galerie d'Orléans, et il a été décrit en 1727 par
Dubois de Saint-Gelais. Depuis il est passé en Angleterre,
d'où il n'est pas sorti. Il eût été intéressant de connaître le sentiment de Nocret sur ce chef-d'œuvre. La
conférence sur le *Ravissement de saint Paul,* analysée
par Guillet de Saint-Georges, n'est pas la seule que Nocret ait faite à l'Académie. Le même auteur en signale
quatre autres dont il ne fait connaître que les titres :
1° sur le Christ du Guide ; 2° sur le Pyrrhus sauvé du
Poussin ; 3° sur la Vierge et l'enfant Jésus de Raphaël ;
4° sur le marquis del Vasto du Titien. Il donne également
la liste des peintures exécutées à Saint-Cloud et aux Tuileries ; nous la reproduisons textuellement :

SAINT-CLOUD.

« En 1660 M. Nocret peignit à Saint-Cloud cinq pièces
de plain-pied qui sont à présent l'appartement de *Madame.*

« Dans la première pièce qui est un passage où étaient
autrefois les bains, il fit au plafond le sujet d'*Iris avec
son arc-en-ciel et tous ses accompagnements.*

« Dans l'antichambre, un tableau sur le sujet de *Flore.*

« Dans la chambre, un plafond où paraît le *Dieu Mars
qui revient de ses conquêtes, accompagné de Vénus.*

« Dans le grand cabinet, quatre tableaux : le premier
représente *Thétis qui fait forger les armes d'Achille par
Vulcain ;* le second, *Persée et Andromède ;* le troisième,
Apollon accompagné des neuf muses ; le quatrième, *Diane
sur son char.*

« Dans un grand salon, un plafond, où, sous des figu-

res allégoriques, est représenté le mariage de *Monsieur*
(Philippe d'Orléans) avec feu *Madame*.

« En 1670 à Saint-Cloud, dans l'antichambre de *Monsieur*, un tableau où, sous un dessin allégorique, il y a
une assemblée des dieux où est représentée la famille
royale au nombre de dix-huit figures, chacune grande
comme nature. »

C'est le tableau de l'Œil-de-Bœuf, ci-dessus décrit. —
La date de 1670 fixée ici par Guillet de Saint-Georges,
ne peut être exacte, en tant qu'elle serait celle de l'exécution du tableau. Nous avons indiqué ci-dessus le motif
qui ne permet pas d'admettre, pour l'exécution, une
date postérieure à celle de 1667.

TUILERIES.

« Nocret a exécuté, au palais des Tuileries, toutes les
peintures de l'appartement de la feue reine Thérèse
d'Autriche, et sous les expressions de l'allégorie, il a représenté les excellentes qualités de cette auguste reine
sous les attributs de Minerve.

« Premièrement, au plafond de la salle des gardes de
la reine, un tableau représentant *Minerve qui met en
fuite l'Envie et la Discorde.*

« Au-dessus de la corniche de la salle, il a peint *un
portique* soutenu par des colonnes et des pilastres d'un
ordre ionique, et dans chaque entre-colonne, *plusieurs
trophées d'armes.*

« Dans l'antichambre de la reine, un tableau au plafond
représentant *Minerve à qui Latone présente Apollon et*

Diane. Les deux dessus de portes de l'antichambre ont chacun un tableau qui contient un sujet de Minerve.

« Dans la grande chambre de la reine, un plafond où *Minerve est dans un char précédé par une troupe de vestales et d'anciens philosophes.*

« Sur un dessus de porte, un tableau représentant la *Sagesse.*

« Sur un autre dessus, un tableau de la *Vérité.*

« Dans la petite chambre de la reine, un plafond où *Minerve enseigne les arts et les sciences.* — Au-dessus de la cheminée, un tableau où *Minerve accompagnée de Mercure est saluée par des nymphes.* — Au plafond de l'alcôve où était le lit de la reine, un *Amour endormi* pour figurer le sommeil. — Au-dessus des portes de la chambre, d'autres tableaux représentant la *Fidélité,* la *Douceur* et la *Sincérité.* — Il y a en outre dans cette chambre six autres petits tableaux symbolisant les arts.

« Dans le cabinet de la reine, un plafond où *Minerve paraît dans un char de triomphe.* — Le tableau au-dessus de la cheminée représente *Minerve disputant avec Neptune à qui nommera la ville d'Athènes.* — Un autre tableau représente *Minerve servie par des nymphes.* — Au-dessus de la corniche sept tableaux sur les *attributs de Minerve.*

« Dans l'oratoire de la reine, à côté de son cabinet, il y a plusieurs tableaux de piété. Celui de l'autel représente *Sainte Thérèse prosternée aux pieds de la sainte Famille.* — Le plafond représente le *Ravissement de sainte Thérèse.* »

On ne connaît pas de portraits exécutés par Nocret pour des particuliers, ce qui ne veut pas dire qu'il n'en

existe pas. Anne d'Autriche avait donné à Mme de Beauvais, sa première femme de chambre, son portrait peint
par Nocret (M. Jal, art. *Beauvais*).

On nous assure que M. le baron Sellière possède, dans
ses riches collections du château de Mello, deux tableaux
de Nocret dont l'un est une réduction de celui de l'Œil-
de-Bœuf.

Il n'est pas à notre connaissance qu'aucun des tableaux
peints par Nocret aux Tuileries ait été reproduit par la
gravure. Cependant plusieurs de ses compositions ont
été gravées. Gabriel Le Brun, frère de l'illustre peintre, a
gravé d'après lui. L'abbé de Marolles le fait connaître
dans son *Catalogue* de 1666, p. 79 ; mais il n'indique pas
les sujets reproduits par Gabriel Le Brun, non plus que
ceux qu'a gravés Jean Patequi (même *Catalogue*, p. 91)[1].

A côté de ces médiocrités nous trouvons, parmi les
interprètes de Nocret, les noms illustres de Nanteuil, de
Van Schuppen et de François de Poilly.

VI.

PORTRAITS GRAVÉS D'APRÈS NOCRET PAR DIFFÉRENTS
ARTISTES.

1° Par *Nanteuil*.

Nanteuil a gravé le portrait du duc de Beaufort (R. D.
n° 33) ; le nom du peintre a été estropié par le graveur

---

1. Cet artiste, à peu près inconnu, semble être le même que Jean
Patigny mentionné par Nagler qui n'indique, sous l'article consacré à
et artiste, aucune gravure exécutée d'après Nocret.

en lettres qui a écrit *Nocroit*. Voici, au surplus, la description de M. Robert Dumesnil :

Beaufort (François de Vendôme, duc de). — Le héros et le jouet des Frondeurs, le *Roi des Halles,* comme il fut appelé et représenté debout en cuirasse, est vu presque jusqu'aux genoux. Dirigé à la gauche du devant, il regarde de face, en tenant le bâton de commandement de ses deux mains, accoudé sur son casque, posé à droite sur une console. Dans la marge : FRANÇOIS DE VENDOSME DUC DE BEAUFORT ET PAIR DE FRANCE. *Nocroit* (pour Nocret) *pinxit, Nanteuil sculpebat. Se vendent chez le Blond, avec privilège du Roy.* Ce portrait, avec sa marge, est entouré d'une large bordure d'ornement avec palmes et branches de laurier.

Hauteur : 15 po. 10 l. y compris 3 l. de marge blanche au bas de la bordure. — Largeur : 12 po. 6 l.

On connaît deux états de cette planche :

I. C'est celui décrit.

II. Le nom de *P. Mariette* a été substitué à celui de *le Blond*.

2° Par *Van Schuppen*.

Van Schuppen a gravé le portrait de *Philippe d'Orléans,* frère de Louis XIV. Le prince est représenté à l'âge d'environ vingt ans, dans une bordure ovale équarrie, formée d'une guirlande de branches de laurier. Un nœud de rubans dont les extrémités flottent à droite et à gauche se voit au haut de l'ovale qui repose sur une console armoriée. Des branches de laurier se trouvent à droite et à gauche de l'écusson dont le blason sera indiqué ci-après. Le personnage est vu de trois quarts, regardant à gauche, il est coiffé d'une large perruque descendant sur un manteau d'hermine où l'on voit la croix du Saint-Esprit appendue à une chaîne fleurdelisée. Les armes de France, en avant de la console de support, sont entourées des deux colliers de Saint-Michel et du Saint-Esprit. *L'écu fleurdelysé ne contient pas le lambel et il est entouré d'un double filet.* On lit à la gauche du bas : *J. Nocret Pinx*, et à la droite : *P. Van Schuppen sculpebat 1660*. Le chiffre **7**, placé sous le millésime, indique que la gravure a été terminée au mois de juillet.

Hauteur : 343 millimètres. — Largeur : 280 millimètres.

On connaît deux états de cette pièce :

I. C'est celui qui vient d'être décrit (*très rare*) [1].

II. L'écu n'est plus entouré que d'un simple filet, et le lambel a été ajouté dans le haut.

3° Par *François de Poilly*.

François de Poilly a gravé deux fois le portrait du même prince, toujours d'après Nocret.

1re planche. — *Philippe d'Orléans* est représenté à l'âge d'environ quinze ans dans une bordure ovale équarrie reposant sur un socle armorié. Il est vu de trois quarts, dirigé à gauche, regardant à droite. Ses cheveux, très longs, couvrent en partie son rabat dont on aperçoit

----

1. Une épreuve, sans marges, de cet état qui n'était pas signalé au catalogue a été adjugée à 62 fr. en 1877 (vente de Béhague).

les cordons et un gland. Le buste est couvert d'une cuirasse sur laquelle passe une écharpe reposant sur l'épaule droite. On ne voit qu'une partie de la chemise sortant de la manche droite. La chemise sort également à gauche ; mais, de ce côté, elle est en partie couverte par une étoffe richement brodée. Comme dans la pièce précédemment décrite, les armes de France sont entourées d'un double filet autour duquel sont disposés les cordons de Saint-Michel et du Saint-Esprit. Dans toutes les épreuves que nous avons vues, l'écu est toujours dépourvu de lambel. On lit sur la bordure de l'ovale à la gauche de l'écu : *I. Nocret pin,* et à droite : *F. Poilly sculp.*

Hauteur : 320 millimètres. — Largeur : 248 millimètres.

2ᶜ **planche.** — *Philippe d'Orléans* est représenté à l'âge d'environ dix-huit ans, dans une bordure ovale équarrie, formée de branches de laurier, et reposant sur une console armoriée. Il est vu de trois quarts, dirigé à gauche, regardant à droite. Il porte une très longue perruque couvrant une partie de la cuirasse sur laquelle se croise une écharpe reposant sur l'épaule droite. Les manches de la chemise, disposées à peu près comme dans la pièce dont la description précède, sont retenues par des nœuds de rubans. Les armes de France, toujours sans lambel, sont traitées absolument comme elles l'ont été dans la première planche. Au bas de la console on lit à gauche : *I. Nocret pin.* et à droite *F. Poilly culp.* C. P. R.

Hauteur : 331 millimètres. — Largeur : 252 millimètres.

On connaît deux états de cette planche :

I. C'est celui qui vient d'être décrit (*extrêmement rare*).

II. La faute commise en écrivant le mot qui suit le nom de Poilly a été corrigée et on lit : *sculp.*

4° Par *Nicolas de Poilly.*

Le frère de François de Poilly a gravé le portrait du *Grand Condé* d'après Nocret. Le principal mérite de cette estampe est de représenter le vainqueur de Rocroy, de Fribourg, de Thionville et de Nordlingue, à une époque presque contemporaine de ses immortelles campagnes. Cette pièce est décrite, ainsi qu'il suit, au n° 1,977 des *Graveurs de portraits* par M. Didot : « A mi-corps, dans une bordure ovale équarrie, avec appui. Représenté jeune. Vu de trois quarts, tourné vers la gauche, regardant en face. Tête nue, longue perruque, légèrement bouclée, séparée au milieu par une raie et retombant sur les épaules. Couvert d'une cuirasse, avec pourpoint à ramages. Écharpe en sautoir. — Au bas du portrait, sur le listel blanc inférieur de l'ovale, à gauche des armoiries : *I. Nocret pin;* à droite : *N. Poilly scul.* — Au milieu de l'appui couvrant la bordure, un petit médaillon ovale, à fond blanc, renferme les armes des *Bourbon-Condé* (sans indication d'émaux), l'écu timbré d'une couronne fleurdelisée et environnée des colliers de Saint-Michel et du Saint-Esprit. »

Hauteur : 315 millimètres. — Largeur : 239 millimètres.

5° Par *Michel Lasne.*

Michel Lasne a gravé le portrait d'*Anne d'Autriche* que Nocret avait peint en 1645 et dont nous avons parlé dans la biographie de l'artiste[1].

La reine régente est représentée en costume de veuve, de trois quarts, dirigée à droite, regardant à gauche, en buste dans une bordure ovale équarrie. Au bas de la bordure et débordant sur la partie teintée, un ovale armorié dont le fond est blanc contient deux A entrelacés surmontés de la couronne de France. On lit à gauche, sous l'ovale : *Nocret pinxut 1645* (il n'y a pas de point sur le second *i* du mot *pinxit*) ; et à droite, M L (ces deux lettres forment un monogramme) *asne fecit et ex. cum pri. Regis.*

Hauteur : 323 millimètres. — Largeur 228 millimètres.

6° Par *Guillaume Vallet.*

La duchesse de Montpensier, fille de Gaston d'Orléans, est représentée à mi-corps, dans une bordure ovale équarrie. Vue de trois quarts, dirigée à droite, regardant en face. L'étoffe de sa robe est semée de fleurs de lis. — On lit autour de l'ovale : *Anne-Marie-Louise d'Orléans.* — Au milieu du socle, un cartouche retenu par l'ovale, posé sur les volutes, aux armes d'Orléans surmontées d'une couronne fleurdelisée, tenants : deux

---

1. Voir ci-dessus, p. 25 et 26.

anges aux ailes baissées. Sur la face du socle, à gauche des armoiries : *Nocret pinxit. G. Vallet ex academia Regia,* — à droite : *sculpsit 1670* (le chiffre 6 est retourné) *C. P. Regis* (cette inscription est tracée à la pointe).

Hauteur : 376 millimètres. — Largeur : 313 millimètres.

On connaît deux états :

I. Celui qui vient d'être décrit ;

II. L'ovale a été modifié ; il se termine dans le haut par deux volutes et est orné de guirlandes de fleurs. Dans le bas il est accompagné de palmes et de branches de lis posées sur le socle qui est moins haut. Le cartouche armorié a été augmenté et les volutes entourent les palmes ; les tenants ont les ailes déployées. L'inscription de la face du socle a été enlevée et remplacée par celle-ci placée sur la plinthe, des deux côtés du cartouche : *I. Nocret pinx. Guill. Vallet ex academia regis scul. 1672. C. P. R.* — et *Paris,* rue, etc... [1]

7° Par *Jean Sauvé.*

Ce graveur au burin, presque inconnu, a exécuté deux grandes planches fort intéressantes d'après Nocret. Ce sont deux portraits, faisant pendants, dont l'un représente Philippe d'Orléans d'après un type entièrement différent de ceux qui ont été reproduits par Van Schuppen et par François de Poilly. L'autre donne une image inté-

---

1. La description de cette pièce est empruntée en partie à M. Ambroise-Firmin Didot : *les Graveurs de portraits en France,* 1875-1877, t. II, n° 2361.

ressante de *Madame* Henriette, duchesse d'Orléans. Les
portraits peints de cette princesse ne sont pas communs,
et, chose étrange, celui de Nocret n'a été gravé que par
Sauvé. Les épreuves en sont très rares et nous ne con-
naissons que celles de notre collection. Cette pénurie de
portraits gravés est telle que, dans la collection d'Odieuvre, on n'a rien trouvé de mieux à reproduire que la
planche de Cl. Mellau gravée sur un dessin fait avant le
mariage de la princesse d'Angleterre dont les traits paraissent à peine formés, et qui était alors âgée de 14 ou
15 ans [1].

Nagler est le seul qui signale, sans les décrire, quel-
ques-uns des portraits gravés par Sauvé. Il n'a pas connu
ceux dont nous allons donner une description abrégée ;
les dimensions de ces deux planches suffisent, à elles
seules, pour les faire facilement reconnaître.

Philippe d'Orléans est représenté en buste, demi-
nature dans une bordure ronde de feuilles de laurier
équarrie et reposant sur un socle. De trois quarts, dirigé
à droite, regardant à gauche, il est couvert d'une armure
fleurdelisée dont on ne voit qu'une partie. La bordure
ronde est entourée d'ornements divers tels que draperie,
gantelet, caducée, un livre ouvert à côté d'une sphère
armillaire ; elle repose sur un socle auquel est appliqué
un cartouche. On lit, en trois lignes, sur le socle : PHI-
LIPPE DE BOURBON FRÈRE VNIQUE DU ROY, DVC D'ORLÉANS.

------

1. Cependant Odieuvre aurait pu reproduire un très joli petit portrait
d'Henriette gravé par Larmessin. Nous en avons vu une belle épreuve
dans la riche collection de M. Hubert, à Paris. Cette planche était sans
doute perdue, lorsque la collection d'Odieuvre a été formée.

Au bas, dans la marge, à gauche, on lit sur une seule ligne : *I. Nocret pinxit. Iean Sauvé excudit rue Saint Iacques au cœur bon avec privilège du Roy.*

Hauteur : 680 millimètres. — Largeur : 470 millimètres.

Henriette d'Angleterre est représentée en buste demi-nature, dans une bordure ronde, semblable à celle du portrait de son mari, reposant également sur un socle. De trois quarts, dirigée à gauche, regardant à droite ; coiffure à la Sévigné : une couronne fleurdelisée derrière la tête. La bordure est entourée d'ornements divers parmi lesquels on remarque, dans le haut, une couronne de fleurs et, dans le bas, deux cornes d'abondance dont celle de gauche verse des fruits et celle de droite des pierreries. Sur le socle on lit, en deux lignes, dans un cartouche : HENRIETTE D'ANGLETERRE DVCHESSE D'ORLÉANS. Au bas, à gauche, dans la marge, en une seule ligne : *J. Nocret pinxit. A Paris Par Iean Sauvé, rue Saint Iacques au cœur bon avec privil. du Roy.*

Mêmes dimensions que celles du portrait de Philippe.

NOTA. — Outre le petit portrait de Larmessin, mentionné dans la note qui précède, le même graveur a exécuté un autre portrait d'Henriette qui paraît être une réduction, avec changements, de celui de Jean Sauvé. On n'y voit aucun nom de peintre ; mais la physionomie de la princesse est exactement celle du portrait de Nocret gravé par Sauvé. La coiffure est à peu près la même, mais il n'y a pas de couronne fleurdelisée. Les draperies

du corsage sont traitées d'une manière différente, et il
n'y a pas la moindre analogie entre les ornements qui
entourent la bordure ronde du portrait de Sauvé et ceux
qui sont autour de l'*ovale* du portrait de Larmessin. Il est
probable que Larmessin, qui n'avait pas sous les yeux la
peinture de Nocret, s'est servi de la gravure de Sauvé
pour exécuter sa planche. Son travail est très supérieur
à celui de Sauvé. Nous en avons vu deux épreuves : l'une
au cabinet des estampes et l'autre chez M. Hubert. C'est,
à notre avis, le plus beau des portraits de cette princesse.

8° Par *Suzanne Silvestre.*

Jean Nocret, qui s'est peint lui-même dans un tableau
reproduit par la petite-fille du célèbre graveur Israël
Silvestre [1], est représenté en buste, à l'âge d'environ quarante ans ; de trois quarts, dirigé à droite, regardant à gauche, près d'un tableau légèrement esquissé. Il tient de la
main droite un pinceau et, de la gauche, une palette char-
gée de couleurs. La composition n'est pas entourée d'une
bordure, le trait carré est à peine visible. On lit au bas,
en trois lignes : JOANNES NOCRET, *regius pictor ac* REGI
*a cubiculis ordinarius ; in regiâ picturæ et sculpturæ
Academiâ Rector ; nec non* DOMINI *fratris unici Regis
pictor primarius.*

———————————

1. Fille de Charles-François Silvestre, fils aîné d'Israël, le célèbre graveur, née aux galeries du Louvre le 14 juillet 1694 ; mariée à 18 ans
et demi (7 février 1713) à Jean-Baptiste Le Moyne, sculpteur du roi. —
On ignore l'époque de sa mort. — Voir sur Suzanne l'ouvrage de M. le
baron de Silvestre, 2ᵉ éd., p. 101 et suivantes.

Tout au bas, à gauche : *Joannes Nocret seipsum pinxit ;* et à droite : *Susanna Silvestre sculpsit.*

Hauteur : 305 millimètres. — Largeur : 222 millimètres (marges comprises).

VII.

Comme graveur à l'eau-forte, Nocret n'a exécuté qu'une seule estampe représentant l'hommage du petit saint Jean. Cette pièce très rare a été décrite par M. Robert Dumesnil, *Peintre graveur français,* t. II, p. 81.

Sa description que nous reproduisons ci-après est précédée des lignes suivantes, qui nous paraissent renfermer une juste et sage appréciation du talent de Jean Nocret. « Il peignait d'une manière fraîche et agréable... La seule eau-forte qu'on ait de lui peut servir à constater une partie essentielle de son talent ; savoir, des attitudes simples et gracieuses, un beau jet de draperies et beaucoup de sagesse dans la dégradation des plans. »

L'Hommage du petit saint Jean.

La sainte Vierge, vue de profil et tournée à droite, est assise à gauche, au pied d'un rocher surmonté de quelques arbres, appuyée sur un soubassement d'architecture au bas duquel gît un fragment d'entablement ; elle tient son divin Fils, vu debout, à mi-corps, à côté d'elle, qui donne la bénédiction au petit saint Jean, agenouillé devant le Sauveur, et qui lui offre son agneau.

Sur la terrasse on lit, à droite : *J. Nocret in. et fecit*, et au milieu : *Cum privilegio Regis.*

Hauteur : 10 po. 2 l. — Largeur : 7 po. 11 l.

On connaît deux états de cette planche :

I. Avant la lettre.

II. C'est celui décrit.

On connaît peu de choses sur les relations de Nocret avec les artistes de son temps. On sait seulement qu'il était lié avec Michel Dorigny, gendre de Simon Vouet. Le 17 septembre 1656, il tenait sur les fonts un fils de son ami, auquel il donna les prénoms de *Jean-Michel* (M. Jal, art. *Dorigny*). Michel Dorigny fut lui-même, en 1656, le parrain d'une fille de Nocret. — Le peintre-graveur Remy Wuibert avait été, en 1651, parrain d'une autre fille de Nocret.

Nancy, imprimerie Berger-Levrault et Cie.

Extrait des *Mémoires de l'Académie de Stanislas* pour 1885.